Pusteblume

Das Buch 1

Erarbeitet von
Helga Gondesen, Braunschweig
Carina Hübner, Overath
Mario Ludwig, Braunschweig
Christine Stanetschek-Wilhelm, Sankt Augustin
Isabelle Wernado, Edingen Neckarhausen
Julia Wittmann, Köln

Illustriert von
Matthias Berghahn
Sebastian Coenen
Sabine Wiemers

Schroedel
westermann

Inhaltsverzeichnis

A wie Anfang

4 Die Lauttabelle kennenlernen
5 Die Bilder der Lauttabelle kennen
6 Den Lautrap kennenlernen
7 Wörter in Silben zerlegen
8 Laute hören, Silben lesen
9 Selbstlaute zuordnen
10 Mit der Lauttabelle schreiben
11 Mit der Lauttabelle lesen

Schule

12 Im Klassenzimmer
14 Auf dem Schulhof
15 Streiten
16 Auf der Straße
17 Links – rechts – links
18 Unsere Namen
19 Ideenkiste

Ich – du – wir

28 Das bin ich
30 Heute bin ich
32 Familien
34 Richtige Freunde sind ...
35 Ideenkiste

Bauen

46 Auf der Baustelle
48 Suchbild
49 Cowboy Klaus
50 Wir bauen eine Hütte
52 Budenzauber
53 Ideenkiste

Das Jahr

62 Durch das Jahr
64 Blätter
65 Nebel
66 Emmas Weihnachten
67 Emmas Sternkekse
68 Wer bin ich?
69 Im Winter
70 Ostern
71 Der Frühling ist da!
72 Der Kuckuck und der Esel
73 Im Sommer
74 Der Regenbogen
75 Gewitter

Tiere

20 Wer schaut dir in die Augen?
22 Gute Nacht, Gorilla
23 Der Gorilla
24 Das Nilpferd
25 Als das Nilpferd Sehnsucht hatte
26 Spurensuche
27 Ideenkiste

Natur

36 Auf der Wiese
37 Auf der Wiese ist viel los!
38 Tiere erraten
39 Die kleine Spinne Widerlich
40 Der Schmetterling
41 Die kleine Raupe Nimmersatt
42 Was eine Schnecke kann
43 Schneckenreime
44 Der Stein
45 Ideenkiste

Bücher und
andere Medien

54 Medien bei uns zu Hause
56 Mein Lieblingsbuch
58 Die Autorin Kirsten Boie
59 Kirsten Boies Werke
60 Ein besonderes Kino
61 Ideenkiste

Fantasie und Abenteuer

76 Fantasie und Abenteuer
77 Ich träume ...
78 Piraten
79 Die Piraten-Jenny
80 Bist du müde, kleines Muffelmonster?
82 Monster-Rätsel
83 Ideenkiste

Werkstatt: Lernen

84 Den Arbeitsplatz einrichten
85 Allein arbeiten
86 Mit einem Partnerkind arbeiten
87 Eine Ideensonne erstellen
88 Ein Lerntagebuch führen

Werkstatt: Sprechen und Zuhören

90 Zu einem Bild erzählen
91 Zu einer Bilderfolge erzählen
92 Erzählen und zuhören
93 Einen Mini-Vortrag halten

Werkstatt: Texte verfassen

94 Zu einem Thema schreiben
95 Zu einem Bild schreiben

Werkstatt: Richtig schreiben

96 Mitsprechwörter schreiben
98 Wörter mit -en und -el schreiben
99 Wörter mit -er schreiben
100 Merkwörter schreiben
101 Wörter mit St st schreiben
102 Wörter mit Sp sp schreiben
103 Wörter mit Qu qu schreiben
104 Nachdenkwörter mit b, d, und g verlängern
105 Nachdenkwörter mit ä und äu ableiten
106 Wörter mit ie schreiben
107 Wörter abschreiben und kontrollieren

Werkstatt: Sprache untersuchen

108 Fachbegriffe kennenlernen
109 Wortgrenzen einhalten
110 Nomen ordnen
111 Nomen und Begleiter zuordnen
112 Die Mehrzahl von Nomen bilden
113 Zusammengesetzte Nomen bilden

Werkstatt: Lesen

114 Laute zusammenziehen
115 Einen Silbenteppich lesen
116 Ähnliche Wörter unterscheiden
117 Immer längere Wörter lesen
118 Ein Gedicht lernen
119 Ein Gedicht vortragen
120 Einen Text zum Vorlesen vorbereiten
122 Einen Text mit verteilten Rollen lesen
124 Einen Text verstehen

126 **Bildwortschatz**

A wie Anfang

Die Lauttabelle kennenlernen

4
- Zum Bild erzählen
- Den eigenen Anfangsbuchstaben finden
- Ordner: S. 15, 16, 17, 18
- Vorkurs: S. 16, 20, 24, 26

Die Bilder der Lauttabelle kennen

- Die Bilder und Begriffe der Lauttabelle kennen
- Zum Bild erzählen

- Ordner: S. 15, 16
- Vorkurs: S. 4, 8, 12, 14

Den Lautrap kennenlernen

A wie **A**meise,
E wie **E**lefant,
I wie **I**gel,
sind mir schon bekannt.

O wie **O**ma,
U wie **U**fo,
ohne sie geht nix –
der Rest kommt fix.

Halt dich fest,
hier kommt der Rest:
X wie **X**ylofon,
Y wie **Y**oga.
Jetzt kann ich sagen:
I am the best!

▸ Den Lautrap kennenlernen und singen

▸ Ordner: S. 15, 16
▸ Vorkurs: S. 4, 8, 12, 14

Wörter in Silben zerlegen

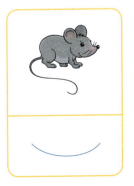

- Zum Bild erzählen
- Wörter in Silben segmentieren
- Methoden hierzu kennenlernen

- Ordner: S. 11, 12
- Vorkurs: S. 11, 17, 22, 27
- Forderkartei: Nr. 5, 6

7

Laute hören, Silben lesen

- Laute hören, Buchstaben zuordnen
- Silben und Wörter lesen

- Ordner: S. 19, 20
- Vorkurs: S. 59, 60
- Forderkartei: Nr. 9–12

Selbstlaute zuordnen

1.
2.
3. Sofa

A a	E e	I i	O o	U u

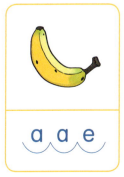

O a   i a   o a e   a a e

▸ Wörter in Silben zerlegen
▸ Vokale zuordnen
▸ Vokale schreiben

▸ Ordner: S. 12, 19, 20
▸ Vorkurs: S. 53, 54, 59, 60
▸ Forderkartei: Nr. 5, 6

Mit der Lauttabelle schreiben

1.    2.    3.    4.

- Lauten mithilfe der Lauttabelle Buchstaben zuordnen
- Wort schreiben

- Ordner: S. 19, 20
- Vorkurs: S. 59, 60
- Forderkartei: Nr. 13–20

Mit der Lauttabelle lesen

1 👓 Kannst du das Wort lesen?

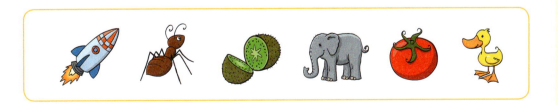

▸ Eigenen Namen mit Buchstaben und Lautkarten schreiben, lesen

▸ Ordner: S. 19, 20
▸ Vorkurs: S. 59, 60
▸ Forderkartei: Nr. 37–40

11

Schule

Im Klassenzimmer

Mia

Nele

Elif

Juri

Linus

Ben

die Tafel

das Regal

der Ordner

das Buch

der Stift

1 ◉ Finde die Kinder auf dem Bild.
   Finde die Gegenstände.

2 ◡ Wie sieht dein Klassenraum aus?

▸ Zum Bild erzählen   ▸ Lernen: S. 84, 85   ▸ Vorkurs: S. 33, 47, 58
▸ Personen und Gegenstände   ▸ Sprechen/Zuhören: S. 90, 92   ▸ Forderkartei: Nr. 13–20, 21
   wiederfinden

13

Auf dem Schulhof

1 👁 Was spielen die Kinder?

2 👄 Was spielst du gerne?

3 👄 Erkläre, wie dein Lieblingsspiel geht.

Streiten

Nele und Juri streiten.
Juri zieht Nele an den Haaren.
Nele ruft: Halt!

Linus und Mia haben Streit.
Beide wollen den Ball haben.
Elif kommt.

1 Was passiert? Erzähle.

2 Jeder streitet sich mal.
Wie kann man einen Streit lösen?

Auf der Straße

1 Was passiert? Erzähle.

Links – rechts – links

Junge Dichter und Denker

Ich schau nach links – links.
Ich schau nach rechts – rechts.
Ich schau nach links – links
und kommt ein Auto, bleib ich stehen.

Ich schau nach links – links.
Ich schau nach rechts – rechts.
Ich schau nach links – links.
Wenn alles frei ist, darf ich gehen!

1 Singt das Lied.

2 Überlegt euch passende Bewegungen zu dem Lied.

Unsere Namen

1 👄 Welche Namen kennst du noch?

Ideenkiste

So kannst du deinen Namen schreiben:

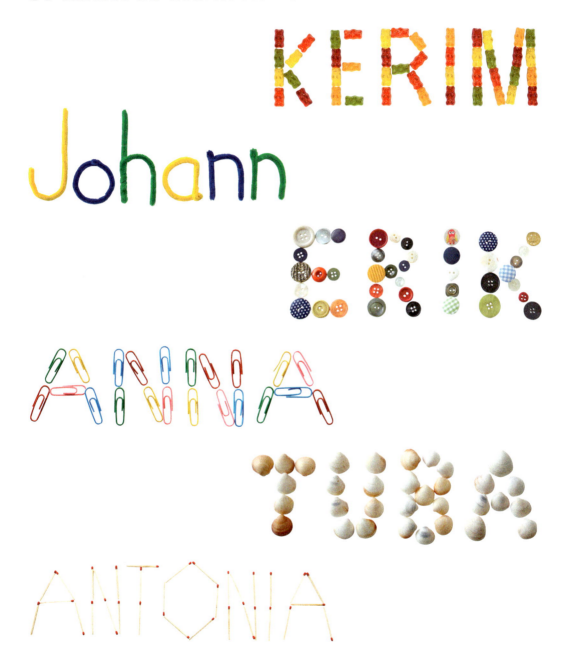

1 ✂ Womit möchtest du deinen Namen schreiben?

▸ Eigenen Namen aus unterschiedlichem Material gestalten

Tiere

Wer schaut dir in die Augen?

der Tiger	die Eule	der Delfin
der Adler	das Nilpferd	der Tukan
die Anakonda	das Zebra	der Eisbär
der Wolf	die Giraffe	der Frosch

1 👁 Über welches Tier möchtest du mehr wissen?

2 🗣 Beschreibe ein Tier. Wer kann es raten?

▸ Genau beschreiben ▸ Lernen: S. 86 ▸ Forderkartei: Nr. 23, 24
▸ Zu anderen sprechen ▸ Lesen: 114, 117

21

Gute Nacht, Gorilla

Peggy Rathmann

1 👁 Erzähle, was passiert.

2 👄 Wie könnte die Geschichte weitergehen?

3 👦👧 Ihr könnt die Geschichte auch spielen.

- Die Geschichte erzählen, weiterentwickeln
- Eine Szene spielen
- Sprechen/Zuhören: S. 91
- Forderkartei: Nr. 23, 24, 60

Der Gorilla

Gorillas fressen Obst,
Blätter
und Rinde.

Gorillas leben in Afrika.
Findest du Afrika
auf einem Globus?

Im Zoo kannst du sehen,
wie Gorillas mit
ihren Kindern spielen.
Es leben nur noch
wenige Gorillas in Freiheit.

1 Was hast du Interessantes
   oder Neues erfahren?

2 Was möchtest du noch
   über Gorillas wissen?

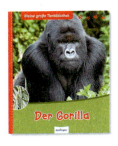

- Leseerwartungen formulieren
- Den Text lesen/vorlesen
- Über den Text sprechen
- Lernen: S. 86
- Forderkartei: Nr. 23, 47–49

Das Nilpferd

Nilpferde leben in Afrika.
Nilpferde können
gut tauchen.
Ein Nilpferd kann so viel
wiegen wie 3 kleine Autos.

Nilpferde haben
ein riesiges Maul
und große Zähne.
Ein Eckzahn wiegt
mehr als 1 Kilo.
Das ist so viel
wie ein Paket Mehl.

Man nennt das Nilpferd auch
Flusspferd oder Hippopotamus.

1 Was möchtest du noch
   über Nilpferde wissen?

2 Versuche, ein Nilpferd zu kneten
   oder zu malen.

Als das Nilpferd Sehnsucht hatte

Iris Wewer

Es war einmal ein Junge mit Namen Freddi.
Freddi hatte einen Freund, das Nilpferd.
Es war groß und voller Sehnsucht.

„Afrika ist das Land meiner Träume!
Dort wachsen Palmen
mit Kokosnüssen daran.
Die Erde riecht nach Honig
und die Luft duftet nach Bananeneis!
Oh, ich wünschte, ich wäre in Afrika!
Dann hätte ich nämlich
ganz viele Nilpferdfreunde
und das wäre ein Glück! Ein Glück,
so groß und so rund wie die Sonne!"

„Aber Nilpferd, Afrika ist sehr, sehr weit weg."
Das Nilpferd nickte traurig.

Freddi brachte seinen Freund nach Afrika.
Auf dem Weg dorthin erlebten sie viele Abenteuer.
Das Nilpferd war nun im Land seiner Träume.

Auf einmal war Freddi ganz still.
 Er war ein wenig traurig
und voller Sehnsucht ...

1   Wonach könnte sich Freddi sehnen?

2   Was könnten die beiden erleben?

▶ Geschichte weiterentwickeln ▶ Sprechen/Zuhören: S. 92 ▶ Forderkartei: Nr. 23, 24
▶ Über Gedanken und Gefühle
  zu einem Text sprechen

Spurensuche

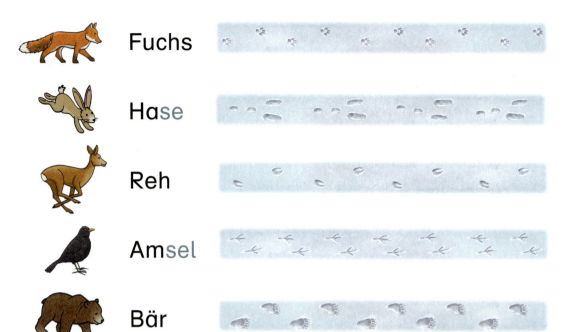

Fuchs

Hase

Reh

Amsel

Bär

Weit fort in einem kalten Land
steht Wanjas Haus am Waldesrand.
Da ist bei Sturm in finstrer Nacht
der Wanja plötzlich aufgewacht.

Drei Tiere klopften an Wanjas Tür
und baten um eine Unterkunft.
Erkennst du welche?

1 ◉ Kannst du die Spuren lesen?

▸ Leseerwartungen formulieren ▸ Lernen: S. 86 ▸ Forderkartei: Nr. 47–50
▸ Text lesen/vorlesen
▸ Über den Text sprechen

Ideenkiste

Schattenspiele

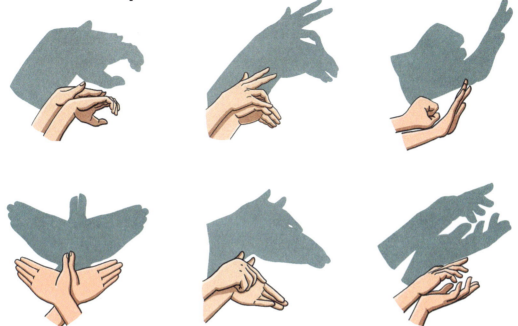

1 👁 Stelle Tiere mit deinen Händen dar!
   - Halte deine Hände zwischen ein helles Licht und eine Wand.
   - Das Licht kann eine helle Lampe, eine Taschenlampe oder in der Schule der Overhead-Projektor sein.
   - Forme deine Hände so, wie auf den Bildern gezeigt.

2 👥 Kannst du noch andere Schatten-Tiere darstellen?

Ich – du – wir

Das bin ich

Marie, 7 Jahre

Rico, 6 Jahre

Mesut, 7 Jahre

Pina, 6 Jahre

Nesrin, 6 Jahre

Paul, 6 Jahre

▶ Bilder betrachten und beschreiben
▶ Eigenes Portrait anfertigen
▶ Sprechen/Zuhören: S. 90
▶ Forderkartei: Nr. 25, 26

DAS BIN ICH

Name: Linus

Alter: 6 Jahre

Das kann ich gut: Hockey

Das möchte ich lernen: rechnen

Das esse ich gern: Pizza

Lieblingstier: Elefant

Lieblingsfarbe: rot

Das möchte ich über mich sagen:
Tom ist mein Freund.

So sehe ich aus:

1 Und wer bist du?

- Über sich sprechen
- Einen eigenen Steckbrief ausfüllen und gestalten
- Sprechen/Zuhören: S. 90, 93
- Texte verfassen: S. 94, 95
- Forderkartei: Nr. 25, 26

29

Heute bin ich

Mies van Hout

1 👁 Welcher Fisch fühlt sich heute ...?

2 👄 Welcher Fisch gefällt dir besonders?

3 ✂ Du kannst auch einen eigenen Fisch gestalten.

- Über Gefühle sprechen
- Einen eigenen Fisch zu einem Gefühl gestalten
- Sprechen/Zuhören: S. 90, 92
- Texte verfassen: S. 94, 95
- Forderkartei: Nr. 25, 26

Familien

 die Eltern   die Geschwister   die Großelter

 die Mutter   die Schwester   die Oma

 der Vater   der Bruder   der Opa

 die Kinder   das Baby   die Katze

1 Was siehst du?
   Erzähle.

▸ Zu dem Bild erzählen   ▸ Sprechen/Zuhören: S. 90   ▸ Forderkartei: Nr. 25, 26
▸ Über Erfahrungen sprechen   ▸ Texte verfassen: S. 94, 95
▸ Sprachen begegnen

33

Richtige Freunde sind ...

Helme Heine

Richtige Freunde
lassen niemanden hängen.

Richtige Freunde sind da,
wenn Not am Mann ist.

Richtige Freunde
trösten einander.

Richtige Freunde ...

1 Male und schreibe.

Ideenkiste

Warmer Regen

1. Macht einen Stuhlkreis.
2. Sucht ein Kind aus der Klasse aus.
3. Dieses Kind darf sich in die Mitte setzen.
4. Es kann die Augen schließen, wenn es möchte.
5. Nun sagt jeder von euch etwas Nettes zu dem Kind in der Mitte.

Ihr könnt auch mit eurer Familie **Warmer Regen** spielen.

▸ Handlungsschritte nachvollziehen, planen und umsetzen   ▸ Sprechen/Zuhören: S. 92

Natur

Auf der Wiese

1 👁 Was siehst du?

2 🗨 Was gefällt dir besonders gut?

3 🗨 Worüber möchtest du mehr wissen?

▸ Das Bild betrachten, beschreiben
▸ Sich zum Thema informieren
▸ Texte verfassen: S. 95
▸ Sprechen/Zuhören: S. 90
▸ Forderkartei: Nr. 27, 28

Auf der Wiese ist viel los!

Ein Falter ist
auf einer Blume.

Zwei Amseln
sind im Baum.
Sie bauen ein Nest.

Da krabbelt
eine Ameise
auf einen Stein.

1 👓 Ordne zu.

....

Auf der Wiese ist viel los.
Eine kleine Spinne spinnt ein Netz.
Eine Maus kommt aus einem Loch.
Auf der Wiese sind viele bunte Blumen.
Die Bienen sammeln den Nektar der Blüten.
Daraus machen sie Honig.

2 ✂ Gestalte selbst eine Wiese. Du kannst
   sie malen, basteln und darüber schreiben.

3 ☼ Erstellt eine Ideensonne zum Thema **Wiese**.

- Sätze lesen und zuordnen ▶ Lesen: S. 117 ▶ Forderkartei: Nr. 47–50
- Eine Ideensonne erstellen ▶ Texte verfassen: S. 94
- Eine Wiese gestalten ▶ Lernen: S. 87

Tiere erraten

 die Wiese   die Schnecke   die Blumen

 der Vogel   der Löwenzahn   die Spinne

 die Biene   der Schmetterling   die Ameise

1 Rate mit.

2 Denke dir auch ein Tier aus und beschreibe es.

Die kleine Spinne Widerlich

Diana Amft

Die kleine Spinne sitzt in ihrem ersten
selbst gesponnenen Netz und denkt nach.
Sie denkt und denkt und denkt …
Und plötzlich macht sie sich
entschlossen auf den Weg.

„Mama?", fragt die kleine Spinne.
„Warum haben die Menschen Angst vor uns?"

„Wie kommst du darauf?",
fragt Mama überrascht.

„Na ja, als heute Menschen
an meinem Netz vorbeikamen,
haben sie laut *Iiiihhhhh, widerlich!!!!*
geschrien und sind weggerannt",
antwortet die kleine Spinne enttäuscht.

1 Warum ist die kleine Spinne enttäuscht?

2 Viele Menschen haben Angst vor Spinnen.
   Wovor könnte man noch Angst haben?

- Einer Geschichte zuhören
- Über Gefühle sprechen
- Lesen: S. 122
- Texte verfassen: S. 94
- Forderkartei: Nr. 49, 50

39

Der Schmetterling

Ein  legt ein Ei auf ein Blatt.
Aus dem Ei wird eine kleine Raupe.
Die Raupe frisst und frisst.
Die Raupe verpuppt sich.
Bald schlüpft aus der Puppe ein  .

1 Erzähle: Wie wird aus dem Ei ein Schmetterling?

2 Gestalte deinen eigenen Schmetterling. Du kannst auch dazu schreiben.

Die kleine Raupe Nimmersatt

Eric Carle

Am **Montag** fraß sie sich durch einen 🍎,
aber satt war sie noch immer nicht.

Am **Dienstag** fraß sie sich durch zwei 🍐🍐,
aber satt war sie noch immer nicht.

Am **Mittwoch** fraß sie sich durch drei 🟣🟣🟣,
aber satt war sie noch immer nicht.

Am **Donnerstag** fraß sie sich durch vier 🍓🍓🍓🍓,
aber satt war sie noch immer nicht.

Am **Freitag** fraß sie sich durch fünf 🍊🍊🍊🍊🍊,
aber satt war sie noch immer nicht.

Am **Sonnabend** fraß sie sich durch:

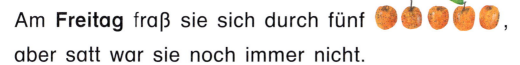

An diesem Abend hatte sie Bauchschmerzen!

1 Warum frisst die Raupe so viel?

2 Wie kann die Geschichte weitergehen?

- Einen Text lesen/vorlesen
- Geschichte weitererzählen
- Eine Szene spielen
- Lesen: S. 120
- Sprechen/Zuhören: S. 90

41

Was eine Schnecke kann

Eine Schnecke hat ein Haus.
Eine Schnecke hat ein Auto.

Eine Schnecke fliegt.
Eine Schnecke kriecht.

Eine Schnecke frisst Salat.
Eine Schnecke frisst Eis.

Eine Schnecke legt Steine.
Eine Schnecke legt Eier.

Manche Schnecken haben
ihr Haus immer dabei.
Es kann viele Farben haben.
Bei Gefahr zieht sich die Schnecke
in das Haus zurück.

1 ⌒⌒ Welcher Satz passt? Warum?

2 ⌒ Was möchtest du noch
   über Schnecken wissen?

Schneckenreime

Eine kleine Schnecke
kriecht langsam an die Hecke,
kriecht langsam auf ein Blatt
und frisst sich daran satt.

Eine kleine Schnecke
kriecht langsam an die Hecke,
kriecht langsam auf den Ast
und macht ein wenig Rast.

Eine kleine Schnecke,
zwei kleine Schnecken,
drei kleine Schnecken
machen ein Schneckenrennen.

1 👓 Lies die Schneckenreime.

2 👄 Kannst du eigene Schneckenreime erfinden?

▸ Reime lesen ▸ Lesen: S. 118, 119 ▸ Forderkartei: Nr. 27, 49, 50
▸ Eigene Reime erfinden
▸ Gedichte vortragen

43

Der Stein

Georg Bydlinski

In meiner Hand
liegt ein kühler Stein.

Meine Hand
wärmt den Stein.

Meine Finger
schließen Freundschaft
mit dem Stein.

1 👓 Lies das Gedicht.

2 ✎ Schreibe selbst ein Gedicht.
Ersetze das Wort **Stein** durch ein neues Wort.
Passt der Inhalt noch?

▸ Das Gedicht lesen ▸ Lesen: S. 118/119
▸ Schreibmuster verwenden

Ideenkiste

Stein-Ideen

Stein-Zoo

Stein-Mandala

Stein-Namen

1 🗨 Welche Stein-Idee gefällt dir besonders gut?

2 🗨 Was könntest du noch mit Steinen gestalten?

▸ Eigene Ideen entwickeln und begründen

Bauen

Auf der Baustelle

der Maurer

der Maler

der Tischler

der Elektriker

Wer will fleißige Handwerker seh'n?

Wer will fleißige Handwerker seh'n,
der muss zu uns Kindern geh'n.
Stein auf Stein, Stein auf Stein,
der Maurer wird bald fertig sein.

Wer will fleißige Handwerker seh'n,
der muss zu uns Kindern geh'n.
Tauchet ein, tauchet ein,
der Maler streicht die Wände fein.

die Maurerkelle

die Farbe
der Pinsel

der Hammer
die Säge

der Schraubendreher

Wer will fleißige Handwerker seh'n,
der muss zu uns Kindern geh'n.
Zisch, zisch, zisch, zisch, zisch, zisch,
der Tischler hobelt glatt den Tisch.

1 🎵 Singt das Lied und spielt dazu.

2 👁 Was siehst du auf der Baustelle? Erzähle.

3 👁 Wer arbeitet mit welchem Werkzeug?

▸ Zum Bild erzählen   ▸ Lesen: S. 120   ▸ Forderkartei: Nr. 29, 30
▸ Über Sachverhalte sprechen   ▸ Sprechen/Zuhören: S. 90
▸ Lied singen, dazu spielen

47

Suchbild

1 👁 Wie viele Schraubendreher findest du?

2 👁 Womit kann man messen?

3 👁 Was kannst du essen?

| ▸ Aufträge erlesen und danach handeln | ▸ Sprechen/Zuhören: S. 90 | ▸ Forderkartei: Nr. 29, 30 |

Cowboy Klaus

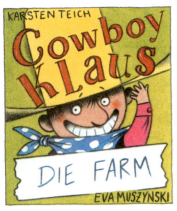

1 👄 Erzähle die Geschichte.

2 👄 Wobei braucht Cowboy Klaus Hilfe?

- Einen Comic lesen
- Eine Geschichte erzählen
- Sprechen/Zuhören: S. 91
- Texte verfassen: S. 95
- Forderkartei: Nr. 29, 30

Wir bauen eine Hütte

Kirsten Boie

Fritzi hat gejammert,
weil sie so durstig war
von dem langen Weg.
Da haben wir uns ins Gras gesetzt
5 und die Cola-Flasche kreisen lassen.

Wenn man etwas getrunken hatte,
musste man die Flasche
an den Nachbarn weitergeben.
Vincent hat gesagt,
10 es ist wie bei den Indianern,
wenn sie Friedenspfeife rauchen.
„Darum wollen wir jetzt
einen Schwur schwören!",
hat er gerufen.
15 Und der Schwur ging so:

*Ich schwöre diesen heiligen Eid,
dass ich in dieser Wildnis leben will,
bis ich sterbe und tot bin.*

Es war sehr feierlich.

20 Danach hat Petja gesagt:
„Los, Männer, los!
Eine Hütte bauen, aber fix.
Sonst haben wir später in der Nacht
kein Dach über dem Kopf!"
25 Darum haben wir aus Zweigen
eine komische kleine Hütte gebaut.
Da hab ich mir vorgestellt,
wie es dunkel wird
und wir alle zusammen
30 in der Hütte sitzen.
Und das war
so ein glückliches Gefühl.

Ich finde eine Hütte zum Schlafen
eigentlich sogar noch schöner als unser Haus.

1 Lies die Geschichte oder höre zu.

2 Hast du schon mal eine Hütte gebaut?
Erzähle.

▸ Einer Geschichte zuhören ▸ Lesen: S. 122/123, 124/125 ▸ Forderkartei: Nr. 66, 67
▸ Leseerwartungen formulieren ▸ Texte verfassen: S. 94

Budenzauber

Mario Ludwig

Unter Tischen und Decken,
in Büschen und Hecken
oder oben auf dem Baum,
im Pappkarton ein Raum.
Mit Schals und Tüchern,
gehalten von Büchern.
Die Gardine wird zum Zelt,
ich baue mir meine eig'ne Welt.
Ein Schirm wird zum Dach,
heute bleib ich lange wach!
Meine Bude ist mein Haus,
hier möchte ich nie wieder raus!

1 Woraus können Buden gebaut werden?

2 Wo würdest du deine Bude bauen?

---

52 ▸ Ein Gedicht lesen   ▸ Lesen: S. 118, 119   ▸ Forderkartei: Nr. 66, 67
    ▸ Ein Gedicht vortragen   ▸ Texte verfassen: S. 94
    ▸ Über Erfahrungen sprechen

Ideenkiste

Schönhausen

Du brauchst:
1 leere Getränketüte,
buntes Packpapier,
Pappe für das Dach,
Klebstoff, Schere

1. Falte alle Laschen nach oben.

2. Schneide die Getränketüte unten ab.

3. Beklebe und bemale dein Haus.

4. Schneide ein Stück Pappe zu.

5. Klebe die Pappe als Dach fest. Lass dir dabei helfen!

6. Gestalte dein Haus.

- Den Text lesen
- Die Schritte nachvollziehen
- Eine Stadt herstellen

▸ Lesen: S. 124/125

Bücher und andere Medien

Medien bei uns zu Hause

das Buch

das Telefon

der CD-Player

Welche Sätze passen zum Bild?

Im Regal stehen Bücher.
Elif hat ein Telefon in der Hand.
Im Kinderzimmer steht ein Computer.
Papa liest eine Zeitung.

der Computer   das Handy   der Fernseher

Ein Junge hört sich eine CD an.
Mama sitzt im Wohnzimmer am Computer.

1 Was siehst du? Erzähle.

2 Welche Sätze passen zum Bild?

- Sätze sinnentnehmend lesen
- Zum Bild erzählen
- Über Erfahrungen sprechen
- Lesen: S. 124/125
- Sprechen/Zuhören: S. 90
- Forderkartei: Nr. 31, 51, 52

Mein Lieblingsbuch

Ich mag Geschichten mit **Cowboy Klaus**. Am Abend liest Mama mir vor.

Cowboy Klaus traut
seinen Augen nicht:
Nach einem kräftigen Wirbelsturm
strandet ein Äffchen auf der Farm.
Toni Tornado ist wahnsinnig niedlich,
aber er hat es auch faustdick
hinter den Ohren.
Ein wahrer Affenzirkus beginnt …

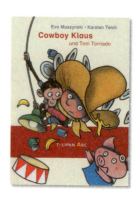

Ich mag Bücher von Kirsten Boie.

Die Kinder aus dem Möwenweg
reißen von zu Hause aus.
Sie schwören einander, dass sie
für immer in der Wildnis leben wollen.
Aber hätten sie doch bloß
Proviant mitgenommen!

> Ich lese gerne das Buch **Die Pumpernickels**.

Okopogo, der jüngste
der Pumpernickels,
wünscht sich einen Bruder.
Doch mit dem neuen Monsterjungen
stimmt irgendwas nicht:
Er rülpst nicht, er grunzt nicht,
er mag überhaupt keine laute Musik
und vor allem keine Blutwurst.
Was soll Okopogo bloß
mit so einem Bruder anfangen?
Und wie soll aus ihm jemals
ein echtes Monster werden?

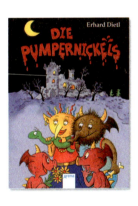

1 Welche Bücher mögen die Kinder?

2 Welches ist dein Lieblingsbuch? Erzähle.

- Über Leseerfahrungen sprechen
- Ein Buch vorstellen
- Texte verfassen: S. 94
- Sprechen/Zuhören: S. 93
- Forderkartei: Nr. 31, 32, 68

Die Autorin Kirsten Boie

Das ist Kirsten Boie.
Sie schreibt Geschichten
für Kinder.
Das erste Buch von Kirsten Boie
ist im Jahr 1985 erschienen.
Es heißt **Paule ist ein Glücksgriff**.

In ihren Büchern
schreibt Kirsten Boie
über Freundschaft,
Abenteuer, Angsthaben,
Seeräuber und Prinzessinnen.

Im Internet hat die Autorin
eine eigene Seite.
Dort findest du Informationen
über sie und ihre Bücher.

1 ⌒ Was macht eine Autorin?

2 ✎ Was möchtest du noch
über Kirsten Boie wissen?
Du kannst ihr auch eine E-Mail schreiben.

▸ Vorwissen aktivieren   ▸ Sprechen/Zuhören: S. 93
▸ Im Internet recherchieren   ▸ Lesen: S. 124/125
▸ Medienkompetenz erweitern

Kirsten Boies Werke

Kirsten Boies Geschichten gibt es auch als Hörbücher und sogar als Film.

Lena hat nur Fußball im Kopf

Lena spielt Fußball. Richtig im Verein mit Trainer und so. Aber Mama sagt, damit ist jetzt Schluss. Nicht, dass Mama was gegen Fußball hat, aber Lena hat schon wieder eine Mathearbeit verhauen.

Ritter Trenk

Der zehnjährige Trenk ist ein Bauernjunge, der mit seinem Ferkelchen in die Stadt zieht, um dort sein Glück zu finden. Er will es besser haben als sein Vater. Durch einen Zufall wird der kleine Trenk als Ritteranwärter aufgenommen und zieht schließlich sogar gegen einen gefährlichen Drachen in den Kampf.

1 Welche Geschichte interessiert dich? Begründe.

▶ Bücher und andere Medien interessenbezogen auswählen   ▶ Sprechen/Zuhören: S. 93   ▶ Forderkartei: Nr. 68, 69
▶ Lesen: S. 124/125

59

Ein besonderes Kino

1 Was ist passiert? Erzähle.

Ideenkiste

Eine Szene entwickeln und spielen

Du brauchst:

▸ Eine Szene entwickeln und medial festhalten

61

Das Jahr

Durch das Jahr

Ich lieb' den Frühling,
ich lieb' den Sonnenschein,
nun werden die Tage
auch wieder länger sein,
Krokus und Tulpe
sind endlich aufgewacht.
Dum di da di, dum di da di

Ich lieb' den Winter,
wenn es dann endlich schneit,
hol ich den Schlitten,
denn es ist Winterzeit.
Schneemann bauen, rodeln gehen,
ja, das find ich schön!
Dum di da di, dum di da di

Ich lieb' den Sommer,
ich lieb' den Blumenduft,
Barfuß durch die Wiese
und heiße Sommerluft.
Eis essen, Sonnenschein,
so soll es immer sein!
Dum di da di, dum di da di

Ich lieb' die Herbstzeit,
stürmt's auf dem Stoppelfeld.
Drachen, die steigen,
hoch in das Himmelszelt.
Bunte Blätter fallen
von dem Baum herab.
Dum di da di, dum di da di

1 🎵 Singt das Lied.
2 ☼ Welche Jahreszeit magst du?
   Erstellt eine Ideensonne dazu.
3 ◡ Beschreibe die Jahreszeiten.

▸ Vorwissen aktivieren ▸ Sprechen/Zuhören. S. 92
▸ Informationen entnehmen ▸ Lernen: S. 87
▸ Ein Lied singen

63

Blätter

Ludwig Voges

Blätter fallen sacht ins Gras,
rascheln leise, hört ihr das?
Rascheln leise,
rascheln leise.

1 Lerne das Gedicht auswendig.
Begleite das Gedicht
mit Geräuschen und Bewegungen.

2 ✂ Gestalte eigene Blätterfiguren.

- Ein Gedicht lesen
- Ein Gedicht sinngestaltend vortragen
- Lesen: S. 118, 119
- Forderkartei: Nr. 53, 54, 70

Nebel

Ich seh' aus dem Fenster.
Alles im Nebel.
Die Welt versteckt sich.
Alles im Nebel.
Wo sind der 🌙 und die ✨ ?
Wo die 🏠 und die 🌱 ?
Alles im Nebel.
Weiße Schleier überall.

1 Was ist im Nebel noch versteckt?

- Einen Text lesen
- Einen Text sinngestaltend vortragen
- Lesen: S. 118, 119
- Sprechen/Zuhören: S. 90

Emmas Weihnachten

Jutta Bauer

Weihnachten. Wir warten drauf.
Jeden Tag ein Türchen auf.

Schallend singen wir zu zweit:
Oh du frohe, stille Zeit.

Abends stell'n wir Schuhe hin.
Huch! –
Am Morgen ist was drin.

Lecker, süß, mit schönen Zacken!
Emma kann schon Sterne backen.

1 Was erlebt Emma
in der Weihnachtszeit?

Emmas Sternkekse

Zutaten:

250 g Mehl

125 g Zucker

125 g weiche Butter

1 Ei

Für die Verzierung:

Puderzucker, Zitronensaft, Dekor, Holzstäbchen

Zubereitung:

1. Knete die Zutaten zu einem Teig. Stelle ihn kalt.

2. Rolle den Teig aus.

3. Stich die Sterne aus.

4. Stecke einen Holzstab bis zur Mitte hinein.

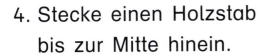

5. Heize den Backofen auf 175° vor. Backe die Sterne 20 Minuten.

6. Lasse die Sterne abkühlen und verziere sie.

Wer bin ich?

Drei große Kugeln rund gerollt,
eine Karotte im Gesicht,
einen Besen in der Hand,
einen Schal um den Hals,
einen alten Topf auf dem Kopf,
fertig ist der …?

1 👓 Wer bin ich?

2 👁 Wo bin ich?

Ich halte deine Finger warm,
leider nicht den ganzen Arm.
Ich bin ein Schutz für deine Hand,
wenn Schnee und Kälte zieh'n durch's Land.
Bin mal aus Stoff und mal aus Wolle,
ziehst du mich an, frierst du nicht so dolle.

3 👓 Was bin ich?

4 👁 Welche Handschuhe sehen gleich aus?

Im Winter

der Schlitten

die Mütze

die Handschuhe

die Stiefel

die Schneeflocken

der Schneemann

1 Erzähle und schreibe zum Bild.

2 Gestalte ein Winterbild.

- Zu einem Bild erzählen
- Über Erfahrungen sprechen
- Schreibideen entwickeln
- Sprechen/Zuhören: S. 90
- Texte verfassen: S. 94, 95
- Forderkartei: Nr. 13

69

Ostern

Hans-Benjamin, der Hase
James Krüss

Hans-Benjamin, der Hase
läuft zickzack auf dem Feld,
schießt Purzelbaum im Sonnenschein
und freut sich an der Welt.

Er springt zu allen Hasen,
schlüpft in den Bau und schreit:
„He aufgewacht! Die Sonne scheint,
und Ostern ist nicht weit!"

1 👓 Lerne das Gedicht auswendig.
Überlege dir Bewegungen dazu.

2 ☀ Erstellt eine Ideensonne zum Thema **Ostern**.

Oster — nest
Oster — eier
Oster — hase

3 👓 Lies die Osterwörter.
Fallen dir noch weitere Osterwörter ein?

- Schreibideen entwickeln
- Zusammenarbeiten
- Ein Gedicht vortragen
- Lernen: S. 87
- Lesen: S. 118, 119
- Forderkartei: Nr. 54, 73

Der Frühling ist da!

Kannst du den Frühling hören?
>Die Vögel singen ihre Lieder.

Kannst du den Frühling sehen?
>Die Bäume und die Blumen blühen.
>Das Gras ist strahlend grün.

Kannst du den Frühling riechen?
>Die Luft riecht frisch und klar,
>die Blumen duften.

Kannst du den Frühling fühlen?
>Die Sonne scheint mir
>warm ins Gesicht.

Bald kann ich den Frühling schmecken!
Dann sind die Erdbeeren reif.
Dann ist der Sommer nicht weit!

1 Lest mit verteilten Rollen.

2 Was kannst du im Frühling hören, sehen, fühlen, riechen und schmecken?

3 Erstellt eine Ideensonne zum Thema **Frühling**.

▸ Mit verteilten Rollen lesen ▸ Lesen: S. 119, 122/123 ▸ Forderkartei: Nr. 54, 73
▸ Über Erfahrungen sprechen ▸ Lernen: S. 87

Der Kuckuck und der Esel

Text: A. H. Hoffmann von Fallersleben
Melodie: Karl Friedrich Zelter

1. Der Kuckuck und der Esel, die hatten einen Streit,
wer wohl am besten sänge, wer wohl am besten sänge,
zur schönen Maienzeit, zur schönen Maienzeit.

2. Der Kuckuck sprach: „Das kann ich!",
und fing gleich an zu schrei'n.
„Ich aber kann es besser,
ich aber kann es besser!",
fiel gleich der Esel ein,
fiel gleich der Esel ein.

3. Das klang so schön und lieblich
so schön von fern und nah.
Sie sangen alle beide,
sie sangen alle beide.
„Kuckuck, kuckuck, i-a,
kuckuck, kuckuck, i-a!"

1 Singt das Lied mit verteilten Rollen.

▶ Ein Lied mit verteilten Rollen singen   ▶ Lesen: S. 120/121, 122/123

Im Sommer

das Zelt

der Sonnenschirm

der Liegestuhl

das Planschbecken

die Sonnencreme

1 Erzähle und schreibe zum Bild.

2 Erstellt eine Ideensonne zum Thema **Sommer**.

- Über Erfahrungen sprechen
- Das Bild beschreiben
- Schreibideen entwickeln
- Sprechen/Zuhören: S. 90
- Lernen: S. 87
- Forderkartei: Nr. 34, 42

73

Der Regenbogen
Josef Guggenmos

Ein Regenbogen,
komm und schau!
Rot und orange,
gelb, grün und blau.

So herrliche Farben
kann keiner bezahlen,
sie über den halben
Himmel zu malen.

Ihn malte die Sonne
mit goldener Hand
auf eine wandernde
Regenwand.

1 Gestalte einen Regenbogen.
   Schreibe das Gedicht dazu.

Du kannst einen Regenbogen oft nach einem kräftigen Regen sehen. Oder auch, wenn du mit Wasser in der Sonne spielst. Das Licht der Sonne spiegelt und bricht sich in den Wassertropfen in der Luft. So entstehen immer dieselben Farben: Rot, Orange, Gelb, Grün, Blau, Indigo und Violett.

- Ein Gedicht vortragen
- Einem Sachtext Informationen entnehmen
- Lesen: S. 118, 119, 124/125
- Forderkartei: Nr. 34, 42

Gewitter

Erwin Moser

Der Himmel ist blau
    Der Himmel wird grau
Wind fegt herbei
    Vogelgeschrei
5 Wolken fast schwarz
    Lauf, weiße Katz!
Blitz durch die Stille
    Donnergebrülle
Zwei Tropfen im Staub
10   Dann Prasseln auf Laub
Regenwand
    Verschwommenes Land
Blitze tollen
    Donner rollen
15 Es plätschert und platscht
    Es trommelt und klatscht
Es rauscht und klopft
    Es braust und tropft
Eine Stunde lang
20   Herrlich bang
Dann Donner schon fern
    Kaum noch zu hör'n
Regen ganz fein
    Luft frisch und rein
25 Himmel noch grau
    Himmel bald blau!

So kannst du Gewitter-Geräusche machen:

 Fingerschnipsen: einzelne Tropfen

 mit den Fingern auf den Tisch trommeln: Regen

 auf Oberschenkel klatschen: Starkregen

 stampfen, auf Blech schlagen: Donner

 pusten: Wind

 Blitz: ZZZ sprechen

1 👓 Begleitet das Gedicht mit Gewitter-Geräuschen.

- Ein Gedicht vortragen
- Ein Gedicht inszenieren
- Über Erfahrungen sprechen

▸ Lesen: S. 118, 119, 122/123

Fantasie und Abenteuer

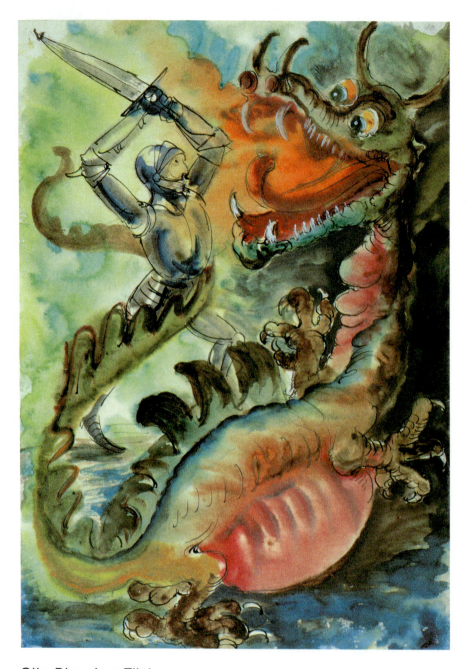

Otto Dix: ohne Titel

1 ◡ Was passiert? Erzähle.

2 ◡ Erfinde eine Geschichte zum Bild.

▸ Zum Bild erzählen ▸ Sprechen/Zuhören: S. 90 ▸ Forderkartei: Nr. 32
▸ Schreibideen entwickeln ▸ Texte verfassen: S. 95

Ich träume ...

Ich wäre so gerne ein 🛡️ .
Dann hätte ich ein ⚔️ .
Ich würde auf einem 🐴 kämpfen.

Ich wäre so gerne eine 👸 .
Dann würde ich in einem
großen 🏰 leben.
Ich könnte schöne 👗 tragen.

Ich wäre so gerne ein 👻 .
Dann würde ich
auf einer ganz alten 🏰 leben.
Ich könnte 🧒 erschrecken.

Ich wäre so gerne ...
Dann würde ...
Ich könnte ...

1 Wovon könnte man noch träumen?
Erzähle oder schreibe.

▸ Texte sinnentnehmend lesen ▸ Sprechen/Zuhören: S. 92 ▸ Forderkartei: Nr. 74, 75
▸ Schreibideen entwickeln ▸ Texte verfassen: S. 94
▸ Über Wünsche sprechen

Piraten

Piraten befahren die Meere, seitdem es Schiffe gibt.
Besonders viele Piraten gab es vor 400 Jahren.
Die Piraten segelten mit ihren Schiffen über das Meer.
Sie warteten auf Schiffe mit kostbarer Ladung an Bord.
5 Die Piraten feuerten mit Kanonen.
Mithilfe der Enterhaken konnten die Piraten auf
das andere Schiff klettern. So enterten sie das Schiff.
Wenn sie die Gegner besiegt hatten, plünderten sie
die Schiffe. Sie erbeuteten Gold, Silber und Schmuck,
10 aber auch Gewürze, Waffen und andere Kostbarkeiten.
Auch heute gibt es noch Piraten.

1 Lies den Text.

2 Was möchtest du noch
   über Piraten wissen?
   Hier kannst du mehr erfahren:

- Einen Sachtext lesen
- Informationen entnehmen
- Zum Thema recherchieren
- Lesen: S. 124/125
- Sprechen/Zuhören: S. 90
- Forderkartei: Nr. 35, 55, 76

Die Piraten-Jenny

Volkmar Rörig

Herr Meier fliegt beleidigt davon
und verschwindet hinter einem Felsen.
Nach wenigen Augenblicken jedoch
kommt er zurück.
5 „Jenny, Jenny!", krächzt er aufgeregt.
„Hinter dem Felsen liegt ein Piratenschiff!"

Das Schiff ist auf die Klippen geraten
und total zerstört.
Der Rumpf ist aufgerissen, die Segel zerfetzt,
10 eine Kanone liegt im Wasser.
Am zerbrochenen Mast flattert
eine schwarze Fahne mit weißem Totenkopf.
Jenny spuckt verächtlich aus:
„Das nennst du ein Schiff?
15 Das ist Schrott!"
„Ph", sagt Herr Meier schmollend.
„Ich hab's nicht kaputtgemacht."

Jenny klettert die Bordwand hoch.
Es ist totenstill auf dem Wrack.
20 Nur eine erschrockene Möwe flattert hoch.
An Deck macht Jenny eine furchtbare Entdeckung …

1 Welche Entdeckung könnte Jenny
   auf dem Schiff gemacht haben?

2 Wie könnte das Piratenschiff
   aussehen? Male es.

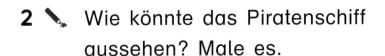

- Einen Text lesen
- Vorstellungen entwickeln
- Geschichte weitererzählen

▸ Lesen: S. 120/121, 122/123
▸ Sprechen/Zuhören: S. 90

▸ Forderkartei: Nr. 35, 55, 76

Bist du müde, kleines Muffelmonster?

Julia Boehme

LOS, AUFWACHEN!

„Aufwachen, aber sofort!"
Moritz reibt sich die Augen.
Vor seinem Bett steht
ein kleines, struppiges Monster
5 und funkelt ihn wütend an.
Eigentlich sieht es
zum Fürchten aus.
Aber Moritz hat keine Angst.

Das Muffelmonster taucht immer nur auf,
10 wenn es so richtig miese Laune hat.
Und so muffelt es gleich los:
„Spinnst du? Du kannst doch nicht einfach schlafen,
wenn ich zu Besuch komme!"
Moritz gähnt. „Dann musst du eben kommen,
15 bevor mich Mama ins Bett bringt!"

Fiiiiies!

„Monster werden nie
ins Bett gebracht!",
beschwert sich das Muffelmonster.
Moritz wackelt mit den Zehen.
„Soll ich dich mal ins Bett bringen?"
20 „Ja, ja, ja! Aber mit allem
Drum und Dran",
erklärt das Muffelmonster wichtig.

80

Moritz krabbelt mit unter die Decke.
Wirklich lesen kann er noch nicht.
25 Aber seine Lieblingsbücher
kennt er auswendig.
Und für ein Muffelmonster
passt sein Monsterbuch
natürlich am besten.

30 Das kleine Muffelmonster lacht und kichert –
und wird auf einmal ganz blass,
wie immer, wenn es gute Laune kriegt.
Dann löst es sich nämlich einfach in Luft auf.
„He, pass auf, gleich bist du weg!", ruft Moritz.

35 Erschrocken schaut das Monster
an sich herunter. Es ist fast durchsichtig,
und durch seine Pfoten schimmern
schon die Karos vom Bettbezug.

„Ich will aber noch nicht weg!",
40 ruft es grimmig
und ist mit einem Schlag
wieder tiefschwarz.

1 Warum löst das Monster sich auf?

2 Was könnte das Monster tun,
damit es sich nicht auflöst?

- Einen Text lesen
- Über Gefühle sprechen
- Geschichte weitererzählen

- Lesen: S. 120/121, 122/123
- Sprechen/Zuhören: S. 90

- Forderkartei: Nr. 56, 74

81

Monster-Rätsel

Mein Monster hat
drei blaue Köpfe.
Es hat zwei rote Arme
und drei grüne Beine.

Mein Monster hat
einen grünen Kopf.
Es hat zwei rote Augen
und zwei blaue Ohren.
Die Beine sind grün.

Mein Monster hat drei Köpfe.
Sie sind grün,
gelb und rot.
Die Arme sind rot.
Mein Monster hat
vier blaue Beine.

1 Welcher Text passt zu welchem Monster?
Ordne zu.

Ideenkiste

Ein Buch-Monster basteln

 1. Das Blatt zweimal falten.

2. Ein Quadrat ausschneiden.

 3. Eine Ecke umklappen und festkleben.

4. Ein Quadrat nach innen klappen.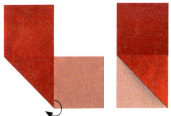

 5. Das andere Quadrat hinten darauf kleben.

6. Zähne und Augen ausschneiden und aufkleben.

- Handlungsschritte nachvollziehen, planen und umsetzen
- Lesen: S. 124
- Lernen: S. 86

83

Lernen

Den Arbeitsplatz einrichten

1

Ich räume
meinen Platz auf.

2

Ich überlege:
Was brauche ich?

3

Ich überlege:
Was muss ich nun tun?

4

Ich bearbeite die Aufgabe.

▸ Den Arbeitsplatz einrichten   ▸ A wie Anfang: S. 9, 10   ▸ Ordner: S. 15, 16, 17
▸ Sich organisieren   ▸ Vorkurs: S. 20, 24, 26
▸ Systematisch arbeiten

Allein arbeiten

1

Das Arbeitsmaterial
ist bei mir.

2

Ich arbeite allein.

3

Ich arbeite leise.

4

Wenn ich eine Frage habe,
melde ich mich.

▸ Allein arbeiten
▸ Sich organisieren
▸ Regeln anwenden

▸ A wie Anfang: S. 9, 10

▸ Ordner: S. 15, 16, 17
▸ Vorkurs: S. 20, 24, 26

85

Mit einem Partnerkind arbeiten

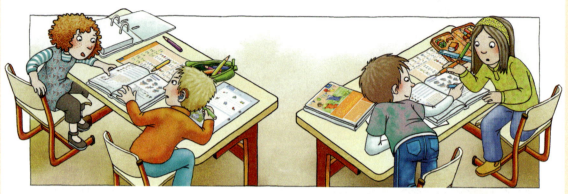

1

Wir arbeiten zusammen.
Wir überlegen gemeinsam:
Was ist zu tun?

2

Wir sprechen leise.
Wir hören einander gut zu.
Wir arbeiten beide mit.

3

Wir helfen einander.

- Mit einem Partnerkind zusammenarbeiten
- Sich organisieren
- A wie Anfang: S. 8
- Tiere: S. 20/21, 26, 27
- Natur: S. 42

Eine Ideensonne erstellen

1

Wir überlegen gemeinsam:
Was ist zu tun?

2

Ich überlege: Was fällt mir
zu dem Thema ein?
Ich schreibe auf einen Strahl.

3

Ich lege meinen Strahl
oder meine Strahlen
an die Sonne.

4

Wir sehen uns gemeinsam
unsere Ideen an.
Was fällt uns auf?

1 ☼ Hier findest du Themen
für eine Ideensonne: S. 37, 63, 70, 71 und 73.

▸ Schreibideen entwickeln
▸ Zusammen arbeiten
▸ Regeln anwenden

▸ Natur: S. 37
▸ Das Jahr: S. 63, 70, 71, 73

Ein Lerntagebuch führen

1

Ich überlege:
Was kann ich
schon gut?

2

Ich markiere,
was ich gut kann.

3

Ich hefte das Blatt
in mein Lerntagebuch.

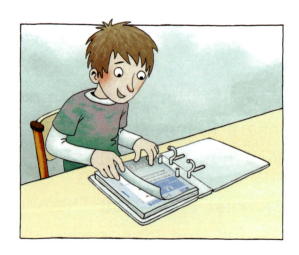

4

Ich überlege,
woran ich weiter
arbeiten möchte.

5

Ich übe so lange,
bis mir diese
Aufgabe gelingt.

6

Ich markiere,
was ich gut kann.

7

Ich hefte das Blatt
in mein Lerntagebuch.

▶ Arbeitsergebnisse reflektieren
und bewerten
▶ Sich organisieren

▶ Ordner: S. 9, 22, 26, 30 ff.
▶ Vorkurs: S. 11, 23, 26, 36 ff.

Sprechen und Zuhören

Zu einem Bild erzählen

Ich erzähle von oben nach unten.

O
oben

Ich erzähle von links nach rechts.

L links

Mitte

rechts

U
unten

Tipp

1. Ich sehe mir das Bild genau an.
2. Ich überlege mir, wie ich erzählen möchte:
   von oben nach unten ↓
   oder von links nach rechts? →
3. Ich erzähle in meiner Reihenfolge.

▸ Sich orientieren ▸ Schule: S. 12/13, 16 ▸ Vorkurs: S. 3, 6, 21, 33, 47
▸ Strukturiert erzählen ▸ Ich – du – wir: S. 32/33 ▸ Ordner: S. 23, 27, 31, 35, 39 ff.
▸ Natur: S. 36

Zu einer Bilderfolge erzählen

Tipp

1. Ich sehe mir jedes Bild einzeln und genau an.
2. Ich erzähle Bild für Bild.
3. Ich achte auf die Reihenfolge.
4. Ich erzähle zu den Bildern eine Geschichte.

▸ Zusammenhänge erfassen und strukturiert erzählen
▸ Zu einer Bilderfolge erzählen
▸ Tiere: S. 40
▸ Bauen: S. 49
▸ Bücher/Medien: S. 60
▸ Vorkurs: S. 41, 55

Erzählen und zuhören

Tipp

So erzähle ich:
Ich möchte etwas erzählen.
Ich sehe die anderen Kinder an.
Ich erzähle das Wesentliche.
Ich spreche laut und deutlich.
Ich beantworte Fragen.

Tipp

So höre ich zu:
Ich höre genau zu.
Ich sehe das Kind dabei an.
Ich frage nach,
wenn ich etwas nicht verstehe.

- Gesprächsregeln anwenden
- Nachfragen
- Schule: S. 12/13, 14, 15 16
- Ich – du – wir: S. 31/32
- Vorkurs: S. 3, 6, 21, 33, 47
- Ordner: S. 23, 27, 31, 35, 39 ff.

Einen Mini-Vortrag halten

Tipp

So halte ich einen Vortrag:
Ich nenne mein Thema.
Ich spreche laut und deutlich.
Ich sehe die anderen Kinder an.
Ich stehe still.
Ich beantworte Fragen.

- Verständlich, laut und deutlich sprechen
- Einen Vortrag strukturieren
- Tiere: S. 24
- Ich – du – wir: S. 29
- Bücher/Medien: S. 57

Texte verfassen

Zu einem Thema schreiben

1

Ich überlege:
Was habe ich am
Wochenende gemacht?

2

Ich schreibe
meine Ideen auf.

3

Ich kann Wörter
oder Sätze schreiben
oder dazu malen.

4

Ich lese, was ich
geschrieben habe.
Kann ich etwas verbessern?

Ich lese
den anderen Kindern
meinen Text vor.

- Schreibideen entwickeln
- Einen Text schreiben
- Einen Text überarbeiten
- Ich – du – wir: S. 29, 30/31
- Natur: S. 39, 40
- Bauen: S. 50/51, 52
- Ordner: S. 26, 74, 98, 102
- Forderkartei: Nr. 28, 29, 33

Zu einem Bild schreiben

1

Ich sehe mir das Bild an.

2

Ich überlege:
Was fällt mir auf?
Was gefällt mir besonders?

3

Ich kann Wörter
oder Sätze schreiben
oder dazu malen.

4

Ich lese, was ich
geschrieben habe.
Kann ich etwas verbessern?

Ich lese
den anderen Kindern
meinen Text vor.

- Schreibideen entwickeln
- Nach einer Vorlage schreiben
- Einen Text überarbeiten
- Ich – du – wir: S. 32/33
- Natur: S. 36, 37
- Fantasie: S. 76
- Ordner: S. 46, 54, 62, 126
- Forderkartei: Nr. 31, 32

Richtig schreiben

Mitsprechwörter schreiben

Ich spreche Me lo ne.
Ich schreibe das Wort,
wie ich es spreche.

So – fa   To – ma – te   E – le – fant

Strategie: Mitsprechen

Ich spreche Wörter beim Schreiben deutlich mit.
Ich schreibe alle Laute, die ich höre.

1

Ich benutze
die Robotersprache:
Ich spreche die Wörter
langsam und deutlich.

2

Ich setze für jede Silbe
einen Silbenbogen.

3

Ich spreche das Wort
Silbe für Silbe mit.
Ich höre alle Laute heraus.
Ich schreibe das Wort
Silbe für Silbe in den Bogen.

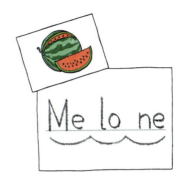

4

Ich kontrolliere:
Ist in jeder Silbe
ein Selbstlaut?

Tipp

So schreibe ich Mitsprechwörter:
1. Ich spreche das Wort deutlich in Silben.
2. Ich setze für jede Silbe
   einen Silbenbogen.
3. Ich schreibe das Wort Silbe für Silbe auf.
   Dabei spreche ich deutlich mit.
4. Ich kontrolliere meine Schreibweise.

1 ✎ Schreibe die Wörter.

- Wörter strukturieren
- Laute zuordnen
- Strategien anwenden

- A wie Anfang: S. 10, 11
- Schule: S. 12/13

- Ordner: S. 19, 187, 188
- Forderkartei: Nr. 77, 78, 79

97

Wörter mit -en und -el schreiben

2 Silben – 2 Selbstlaute.
Hier fehlt doch einer!

Ich achte auf das Wortende.
Ich spreche deutlich.
Oft höre ich hinten nur -n,
schreibe aber -en.

In jeder Silbe
ist ein Selbstlaut.

 Dau men    Be s__    Kis t__

Ich achte auf das Wortende.
Ich spreche deutlich.
Oft höre ich hinten nur -l,
schreibe aber -el.

In jeder Silbe
ist ein Selbstlaut.

 Pin sel    Man t__    Am p__

Tipp
Ich kann die Wortenden **-en** und **-el** markieren.
So kann ich sie mir besser merken.

1 ✏ Schreibe die Wörter oben mit -en und -el auf.

Wörter mit -er schreiben

Leiter schreibt man hinten mit **-er**.
Man hört -a,
aber man schreibt **-er**.

1

Ich spreche
das Wort deutlich.
Am Ende höre ich ein -a.

2

Ich merke mir:
Oft höre ich hinten ein -a,
schreibe aber -er.

Tipp

Ich kann die Wortenden **-er** markieren.
So kann ich sie mir besser merken.

1 ✎ Schreibe die Wörter.

▸ Wörter strukturieren
▸ Endungen richtig schreiben

▸ Ordner: S. 187, 188, 189
▸ Forderkartei: Nr. 81

99

Merkwörter schreiben

Mit Mitsprechen klappt es nicht.

Das stimmt. Manche Wörter musst du dir merken.

1

Ich markiere die besondere Stelle.

2

Ich schreibe die Wörter einzeln auf Karteikarten.
Ich kontrolliere: Habe ich das Wort richtig geschrieben?

3

Ich sortiere die Wörter.
Ich übe sie.

Merkwörter muss ich lernen:
Wörter mit ih: ihm, ihr, ihre, ihren, ihres
Wörter mit ah, eh, oh, uh: Jahr, sehr, Sohn, Stuhl
Wörter mit aa, ee, oo: Waage, Meer, See, Zoo
Wörter mit V, v: Vater, Vase, Vogel, vor
Wörter mit X, x: Axt, Hexe, Lexikon, Taxi
Wörter mit Y, y: Baby, Handy, Teddy, Yoga

- Merkwörter kennenlernen
- Strategien anwenden

- Ordner: S. 191–195
- Forderkartei: Nr. 82–87

Wörter mit St st schreiben

Hier musst du aufpassen! Auf der Lauttabelle steht **St st** für diese Wörter.

Wenn ich bei Wörtern ein `scht` höre,
schreibe ich `St` oder `st` wie bei ⭐.

`die Stunde`   `die Straße`   `der Streit`

`der Stuhl`   `der Stempel`   `der Storch`

1

Ich schreibe die Wörter auf Karteikarten.

2

Ich markiere die besondere Stelle.

1 👁 Welche Wörter mit St st kannst du finden?

- Phonologische Besonderheiten kennen
- Wörter üben

▶ Ordner: S. 135/136
▶ Forderkartei: Nr. 88

Wörter mit Sp sp schreiben

Hier musst du aufpassen! Auf der Lauttabelle steht **Sp sp** für diese Wörter.

Wenn ich bei Wörtern ein `schp` höre,
schreibe ich `Sp` oder `sp` wie bei 🕷.

`der Spielplatz`   `der Sport`   `der Spiegel`

`das Springseil`   `die Spange`   `die Spritze`

1

Ich schreibe die Wörter
auf Karteikarten.

2

Ich markiere
die besondere Stelle.

1 👁 Welche Wörter mit Sp sp kannst du finden?

- Phonologische Besonderheiten kennen
- Wörter üben

▸ Ordner: S. 137/138
▸ Forderkartei: Nr. 89

Wörter mit Qu qu schreiben

Hier musst du aufpassen! Auf der Lauttabelle steht **Qu qu** für diese Wörter.

Wenn ich bei Wörtern ein ⟨ kw ⟩ höre, schreibe ich **Qu** oder **qu** wie bei 🪼.

die Qualle   der Quark   der Quatsch

das Quiz   das Quartett   das Aquarium

1

Ich schreibe die Wörter auf Karteikarten.

2

Ich markiere die besondere Stelle.

1 👁 Welche Wörter mit Qu qu kannst du finden?

▸ Phonologische Besonderheiten kennen
▸ Wörter üben

▸ Ordner: S. 139/140
▸ Forderkartei: Nr. 90

Nachdenkwörter mit b, d und g verlängern

t oder d am Wortende?
Ich spreche genau.
Ich höre keinen Unterschied.
Ich denke nach.

Ich kenne einen Tipp:
Verlängere das Wort,
dann hörst du, wie es
hinten geschrieben wird:
Hund – Hunde!

Tipp

Manchmal höre ich nicht,
wie ein Wort am Ende geschrieben wird.
Dann hilft es, wenn ich die Mehrzahl bilde:
der Hund – die Hunde

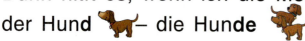 Ich höre t, aber schreibe d   Hund → Hunde

Ich höre k, aber schreibe g   Zwerg → Zwerge

Ich höre p, aber schreibe b   Dieb → Diebe

1 Verlängere noch mehr Wörter.

- Wörter mit b, d, g verlängern
- Erste Rechtschreibstrategien anwenden
- Ordner: S. 197/198
- Forderkartei: Nr. 91, 92

Nachdenkwörter mit ä und äu ableiten

Ich schreibe ä,
weil es ein verwandtes Wort mit **a** gibt:
der B**a**ll – die B**ä**lle

Ich schreibe äu,
weil es ein verwandtes Wort mit **au** gibt:
das H**au**s – die H**äu**ser

1 Leite noch mehr Wörter ab.

▶ Wörter mit ä/äu ableiten
▶ Erste Rechtschreibstrategien anwenden

▶ Ordner: S. 199/200
▶ Forderkartei: Nr. 94

Wörter mit ie schreiben

1

Ich überlege:
Klingt das i lang oder kurz?

2

Klingt das i lang,
schreibe ich meistens **ie**.

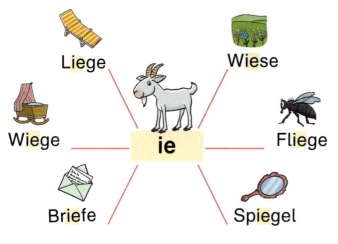

Liege   Wiese
Wiege   Fliege
Briefe   Spiegel

ie

Das lange i ist vorne nie ein **ie**: Igel.

1 ✎ Schreibe die Wörter mit ie.

Wörter abschreiben und kontrollieren

1

Ich lese laut,
was ich schreiben möchte.

2

Ich merke mir
die schwierige Stelle.
Ich decke das Wort ab.

3

Ich schwinge die Silben.

4

Ich schreibe das Wort
Silbe für Silbe auf.
Ich spreche mit.

5

Ich kontrolliere das Wort.

1 ✎ Schreibe die Wörter ab. Kontrolliere sie.

| die Ziege | die Bäume | der Hund | der Vampir |

| die Qualle | die Spinne | der Vogel | die Sterne |

▸ Abschreibtechniken nutzen
▸ Wörter überprüfen und korrigieren

Sprache untersuchen

Fachbegriffe kennenlernen

Das ist ein **Buchstabe**.

Das ist eine **Silbe**.

Das ist ein **Wort**.

Das ist ein **Satz**.

> **Tipp**
>
> Am **Satzanfang** schreibe ich groß.
> Am **Satzende** setze ich einen Punkt.

1 Schreibe die Sätze richtig ab.
Markiere Anfang und Ende.

> ein Hund bellt laut   ich kann schreiben

2 Bilde aus den Wörtern einen Satz.

> Sonne . heute Die scheint

Wortgrenzen einhalten

1

Ich lege meinen Finger hinter jedes Wort. Dann ist der Abstand groß genug.

2

Ich kontrolliere: Kann ich meinen Satz lesen?

1 ✏ Schreibe die Sätze richtig ab.

Neleliest.   DasNashornistgrau.

DerAffeschaukelt.   ImZoosindTigerundLöwen.

▸ Lesbar schreiben
▸ Wortgrenzen einhalten

▸ Forderkartei: Nr. 29–36

Nomen ordnen

Elefant ist ein Nomen. Nomen schreibt man groß!

Merksatz

Nomen sind Namen für
Menschen, Tiere, Pflanzen und **Dinge**.
All diese Dinge kann man anfassen.
Nomen werden großgeschrieben.

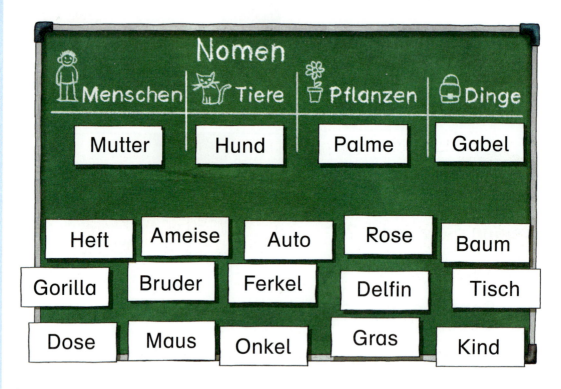

1 Kannst du weitere Nomen finden?
Ordne sie den Oberbegriffen zu.

- Nomen kennenlernen
- Nomen zuordnen
- Nomen großschreiben

▶ Natur: S. 38

Nomen und Begleiter zuordnen

Merksatz

Alle Nomen haben einen Begleiter.
Begleiter sind **der**, **die**, **das**:
der Mann, **die** Schule, **das** Heft.

Dose	Bruder	Tisch	Gras
Delfin	Gorilla	Heft	Hund
Baum	Ameise	Onkel	Auto

1 Beschriftet einen Würfel
   mit den Begleitern **der**, **die** und **das**.

2 Würfelt und findet ein passendes Nomen
   in eurem Klassenraum.

▸ Fachbegriffe kennen
▸ Nomen bestimmte Artikel zuordnen

Die Mehrzahl von Nomen bilden

Das ist nicht nur ein Schaf. Es sind zwei Schafe. Schreibe **Schafe**.

Merksatz

Das Wort **Schaf** ist ein **Nomen**.
Nomen gibt es in der Einzahl
und in der Mehrzahl.
In der Mehrzahl verändert sich das Nomen.

 ein Schaf   viele Schafe
 eine Schlange   viele Schlangen
 ein Haus   viele Häuser

Manche Nomen verändern sich nicht:

ein Messer   viele Messer
ein Kissen   viele Kissen

1 Bilde zu den Wörtern die Mehrzahl.

2 Was ändert sich? Markiere.

112 ▸ Fachbegriffe verwenden
▸ Nomen in der Einzahl und der Mehrzahl verwenden

Zusammengesetzte Nomen bilden

Merksatz

Zwei Nomen kann man zu einem neuen Nomen zusammensetzen:

das **Eis** 🍦 + der **Bär** 🐻 = der **Eisbär** 🐻‍❄️

Ich schreibe nur den Anfang des Wortes groß.

1 ✎ Setze die Nomen zusammen.

2 ✎ Findest du weitere?

- Fachbegriffe verwenden
- Zusammengesetzte Nomen bilden

Lesen

Laute zusammenziehen

Verbinde die Laute:
M und **a** ist Ma.
Versuch es
mit der Leserutsche.

Einen Silbenteppich lesen

Tipp

- Ich lese mit dem Finger mit.
- Ich lese die Silben schnell.
- Ich lese von oben nach unten, ↓ von links nach rechts. →
- Ich kann Treppen lesen.

🦁	La	Le	Li	Lo	Lu
🐭	Ma	Me	Mi	Mo	Mu
🛋	Sa	Se	Si	So	Su
👃	Na	Ne	Ni	No	Nu
🐟	Fa	Fe	Fi	Fo	Fu

▸ Silben schnell lesen ▸ A wie Anfang: S. 8, 9 ▸ Ordner: S. 24, 28, 32, 36, 40
▸ Laute synthetisieren

Ähnliche Wörter unterscheiden

Hier muss ich ganz genau lesen. Die Wörter sind sich sehr ähnlich.

Reimwörter

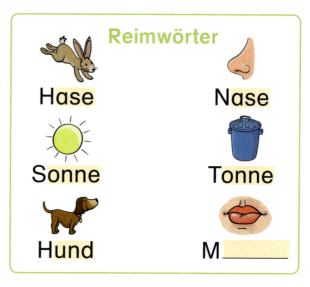

Hase — Nase

Sonne — Tonne

Hund — M_____

Tipp

Ich merke mir:
Reimwörter haben **gleiche Wortteile**.

1 ✏ Findest du weitere Reimpaare?

Immer längere Wörter lesen

So arbeitest du mit dem Lesefreund.

Baum
Baumhaus
Baumhausleiter

Fuß
Fußball
Fußballtor

Polizei
Polizeiauto
Polizeiautosirene

Pflaumen
Pflaumenkuchen
Pflaumenkuchenrezept

Garten
Gartenzaun
Gartenzauntor

Gold
Goldfisch
Goldfischteich

Schloss
Schlossturm
Schlossturmfenster

Eis
Eisbär
Eisbärgehege

1 Lies die Wörter mit deinem Lesefreund.

▶ Lesehilfen nutzen
▶ Lange Wörter lesen

▶ Ordner: S. 165, 168, 171

117

Ein Gedicht lernen

Ich lerne:
Wort für Wort,
Zeile für Zeile,
Strophe für Strophe.

Ich lerne die Zeilen,
indem ich mir
Bewegungen dazu
ausdenke.

Ich lerne die Zeilen
beim Gehen.

Ich merke mir die Zeilen
durch Bilder, die in
meinem Kopf entstehen.
Ich kann auch zu
jeder Zeile malen.

▶ Ein Gedicht auswendig lernen
▶ Techniken erproben
▶ A wie Anfang: S. 6
▶ Natur: S. 43, 44
▶ Das Jahr: S. 64, 65, 70, 74

Ein Gedicht vortragen

Ich kann ein Gedicht vorlesen oder auswendig vortragen. Ein paar Tipps helfen mir dabei.

1

Ich übe, bis ich flüssig vortragen kann.

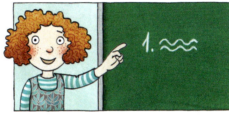

2

Beim Vortragen ist es wichtig, dass ich laut und deutlich spreche.

3

Ich denke an die Pausen. Ich nutze dafür die Satzzeichen: . , ? !

Die anderen Kinder geben mir eine Rückmeldung.

Ich habe dir gern zugehört.

▸ Ein Gedicht kriteriengeleitet vortragen
▸ Schule: S. 17
▸ Natur: S. 43, 44
▸ Das Jahr: S. 64, 65, 71, 75

Einen Text zum Vorlesen vorbereiten

Delfine

Delfine sind keine Fische.
Sie gehören zu den Säugetieren.
Sie leben in Gruppen im Meer, wo sie sich
von Fischen ernähren. Delfine sind sehr klug.
Sie haben ein freundliches Wesen und
helfen sich gegenseitig.
Was glaubst du, wie lang ein Delfin ist?

Was sind Säugetiere?

Je nach Art 2 bis 4 Meter.

1

Ich lese den Text mehrmals.

2

Schwierige Wörter frage ich nach.

3

Ich markiere Satzzeichen.
Dort mache ich eine Pause.

4

Stolperfallen markiere ich mir.

> Das Wort **freundliches** musste ich oft neu lesen.

5

Ich unterstreiche,
was ich betonen muss.

6

Ich übe meinen Text mehrmals.
Ich lese laut vor.
Tipp: Ihr könnt euch auch
gegenseitig vorlesen.

Tipp

Das **Vorlesen** kann ich **vorbereiten**.
Diese **Tipps** helfen mir.
1. Ich lese genau.
2. Habe ich alles verstanden?
3. Unklare Wörter frage ich nach.
4. Ich finde und markiere Stolperfallen.
5. Satzzeichen . ? ! markiere ich.
6. Ich unterstreiche,
   was ich besonders betonen muss.
7. Ich übe mehrmals.

▸ Einen Lesevortrag vorbereiten ▸ Natur: S. 41
▸ Einen Text bearbeiten ▸ Bauen: S. 46/47
▸ Fantasie: S. 77, 79

121

Einen Text mit verteilten Rollen lesen

1

Ich lese den Text
leise für mich.

2

Wir verteilen
die Sprechrollen.
Oft gibt es auch noch
einen Erzähler.

3

Wir üben
gemeinsam den Text.
Wir sprechen laut
und deutlich.
Wir achten beim Lesen
auf die Satzzeichen.

4

Wir proben gemeinsam und überlegen:
Was können wir noch besser machen?

5

Die anderen Kinder geben uns eine Rückmeldung.

Tipp

Wenn ihr einen Text mit verteilten Rollen lest, achtet darauf:
1. Sprecht laut und deutlich.
2. Achtet auf die Satzzeichen:
   Eine Frage **?** muss sich wie eine Frage anhören.
   Ein Ausruf **!** ist besonders zu betonen.
3. Das Gesicht und der ganze Körper spielen auch mit.

- Einen Text zum Vorlesen vorbereiten
- Mit verteilten Rollen lesen
- Natur: S. 39
- Bauen: S. 50/51
- Das Jahr: S. 71, 72, 75

123

Einen Text verstehen

1

Ich lese die Überschrift.
Ich sehe mir die Bilder an.
Worum könnte es gehen?

2

Ich lese Satz für Satz.
Ich überlege nach jedem Satz,
worum es geht.

3

Ich frage nach, wenn ich
etwas nicht verstehe.

4

Habe ich alles verstanden?
Wenn nicht, lese ich
noch einmal genau.

Pinguine

Lebensraum

Pinguine gibt es nur auf der
Südhalbkugel der Erde.
Sie leben in der Antarktis.
Es gibt sie aber auch in Australien,
Neuseeland, Südamerika und Südafrika.

Aussehen

Pinguine sind Vögel. Sie können aber nicht fliegen.
Ihre Flügel sind zu Flossen geworden.
Sie können schnell schwimmen und tauchen.
Der Schwanz dient als Ruder. Pinguine haben Federn.
Die Federn am Kopf und am Rücken sind schwarz.
Der Bauch ist weiß.

Besonderheiten

Wie alle Vögel schlüpfen Pinguin-Babys aus Eiern.
Das Ausbrüten übernehmen die Väter.
Bei den Pinguinen gibt es etwas ganz Besonderes:
Es gibt Pinguin-Kindergärten.
Hier werden die kleinen Pinguine
von den großen Pinguinen gefüttert und beschützt.

1 Lies den Text.

2 Beantworte die Fragen:
- Wo leben Pinguine?
- Welche Farben haben die Federn?
- Wer brütet die Eier aus?
- Warum können Pinguine nicht fliegen?

- Lesestrategien nutzen
- Sachtexte lesen
- Fragen zum Text beantworten
- Natur: S. 40
- Bücher/Medien: S. 54, 58, 59
- Fantasie: S. 78, 82, 83
- Ordner: S. 178, 182, 186
- Forderkartei: Nr. 70–76

Bildwortschatz

Hier findest du alle wichtigen Wörter aus deinem Buch im Überblick:

Schule

 Mia   Nele   Elif
 Juri   Linus   Ben
 die Tafel   das Regal   der Ordner

Tiere

 der Tiger   die Eule   der Delfin
 das Nilpferd   das Zebra   der Gorilla
 essen   trinken   schlafen

Ich – du – wir

 die Eltern   die Mutter   der Vater
 die Geschwister   die Schwester   der Bruder
 die Großeltern   die Oma   der Opa

Natur

 die Wiese   die Schnecke   die Blumen
 der Vogel   der Löwenzahn   die Spinne
 die Biene   der Schmetterling
 die Ameise

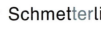

Bauen

 der Maurer   der Tischler   der Maler
 der Elektriker   der Pinsel   die Farbe
 die Maurerkelle   der Hammer   die Säge

Bücher und andere Medien

 das Buch   das Telefon   der CD-Player
 der Computer   das Handy   der Fernseher
 lesen   hören   sehen

Das Jahr

Der Herbst

 das Blatt   das Laub   der Nebel
 der Wind   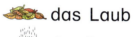 der Regen   der Drachen

Der Winter

 die Stiefel   die Schneeflocken   der Schlitten
 die Mütze   die Handschuhe    der Schneemann

Der Frühling

 die Blüte   die Sonne   die Tulpe
 der Krokus   die Erdbeere   der Baum

Der Sommer

 das Zelt der Sonnenschirm das Planschbecken
 der Liegestuhl   die Sonnencreme

Zum Buch 1 gehören:

Vorkurs	978-3-507-42717-4
Der Buchstaben-Ordner DS	978-3-507-42714-3
Der Buchstaben-Ordner GS	978-3-507-42715-0
Lautkarten	978-3-507-42727-3
Lautposter	978-3-507-42728-0
Schreiblehrgang VA	978-3-507-42719-8
Schreiblehrgang LA	978-3-507-42718-1
Schreiblehrgang SAS	978-3-507-42720-4
Schreiblehrgang GS	978-3-507-42721-1
Materialpaket inklusiv	978-3-507-42726-5
Forderkartei	978-3-507-42725-9
Lehrermaterialien	978-3-507-42729-7
Kopiervorlagen zum Buchstaben-Ordner	978-3-507-42724-2
Kopiervorlagen zum Buch 1	978-3-507-42722-8
Ferienheft 1	978-3-507-42737-2
Digitale Lehrermaterialien mit E-Book	978-3-507-42723-5

westermann GRUPPE

© 2016 Bildungshaus Schulbuchverlage
Westermann Schroedel Diesterweg
Schöningh Winklers GmbH, Braunschweig
www.schroedel.de

Das Werk und seine Teile sind urheberrechtlich geschützt. Jede Nutzung in anderen als den gesetzlich zugelassenen Fällen bedarf der vorherigen schriftlichen Einwilligung des Verlages.
Hinweis zu § 52a UrhG: Weder das Werk noch seine Teile dürfen ohne Einwilligung gescannt und in ein Netzwerk eingestellt werden. Dies gilt auch für Intranets von Schulen und sonstigen Bildungseinrichtungen. Für Verweise (Links) auf Internet-Adressen gilt folgender Haftungshinweis: Trotz sorgfältiger inhaltlicher Kontrolle wird die Haftung für die Inhalte der externen Seiten ausgeschlossen. Für den Inhalt dieser externen Seiten sind ausschließlich deren Betreiber verantwortlich. Sollten Sie daher auf kostenpflichtige, illegale oder anstößige Inhalte treffen, so bedauern wir dies ausdrücklich und bitten Sie, uns umgehend per E-Mail davon in Kenntnis zu setzen, damit beim Nachdruck der Verweis gelöscht wird.

Druck A^2 / Jahr 2017
Alle Drucke der Serie A sind im Unterricht parallel verwendbar.

Redaktion: Rebekka Musial
Umschlaggestaltung: Künkel – Büro für Gestaltung mit einer Illustration von Bettina Kumpe
Layout: Druckreif! Annette Henko, Braunschweig
Druck und Bindung: westermann druck GmbH, Braunschweig

ISBN 978-3-507-**42716**-7

Textquellen

„Links – rechts – links", aus: Junge Dichter und Denker: Das 1x1 im Straßenverkehr. Verlag: Ed. TAO House / EMI Music Publishing, Ed. Alocin / EMI Music Publishing, S. 17

Peggy Rathmann: Gute Nacht, Gorilla.
© Moritz Verlag 2006, Frankfurt a. M., **S. 22**

Iris Wewer: Als das Nilpferd Sehnsucht hatte.
© Verlag Friedrich Oetinger GmbH, Hamburg 2010, **S. 25**

Reinhard Michl, Tilde Michels: Es klopft bei Wanja in der Nacht. © Verlag Heinrich Ellermann, Hamburg 1985

Helme Heine: Richtige Freunde sind …
© 2012 Beltz & Gelberg in der Verlagsgruppe Beltz, Weinheim Basel, **S. 34**

Diana Amft: Die kleine Spinne Widerlich.
© 2011 by Bastei Lübbe AG, Köln, **S. 39**

Eric Carle: Die kleine Raupe Nimmersatt.
© 1969, 1994 Eric Carle, Deutsche Pappbuchausgabe © 1994 Gerstenberg Verlag Hildesheim, **S. 42**

Georg Bydlinski: Der Stein, in: Gelberg, Hans-Joachim (Hrsg.): Überall und neben dir. Gedichte für Kinder © Beltz Verlag 1986, 1989. S. 272, **S. 44**

Wer will fleißige Handwerker sehen? Text und Melodie: mündlich überliefert, **S. 46/46**

Kirsten Boie: Abenteuer im Möwenweg. Wir reißen aus. © 2014 Oetinger Verlag, Hamburg, **S. 50/51, S. 56**

Eva Muszynski, Karsten Teich: Cowboy Klaus und Toni Tornado. Berlin: Tulipan Verlag 2008, **S. 56**

Erhard Dietl: Die Pumpernickels © 2009 Arena Verlag GmbH, Würzburg. Klappentext, **S. 57**

Melodie mündlich überliefert, Originaltitel: I like the flowers, deutscher Text: nach Heike Schrader, **S. 62/63**

Ludwig Voges. Blätter fallen. © Ludwig Voges.
Aus: R. Zimmer, I. Clausmeyer, L. Voges: Praxisbuch Kindergarten, Tanz – Bewegung – Musik. Freiburg: Herder 1994, **S. 64**

Jutta Bauer: Emmas Weihnachten.
© 2010 Carlsen Verlag, Hamburg, **S. 66**

James Krüss: Hans-Benjamin, der Hase.
Aus: Weil bald Ostern ist: Ein Frühlingsgedicht von James Krüss. © NordSüd Verlag Zürich, 2010, **S. 70**

Der Kuckuck und der Esel. Text: A. H. Hoffmann von Fallersleben; Melodie: Karl Friedrich Zelter, **S. 72**

Josef Guggenmos: Der Regenbogen.
Aus: Was denkt die Maus am Donnerstag? Paulus, Recklinghausen 1969, **S. 73**

Erwin Moser: Gewitter , in: Gelberg, Hans-Joachim (Hrsg.): Überall und neben dir. Gedichte für Kinder © Beltz Verlag 1986, 1989, **S. 76**

Volkmar Rörig: Die Piraten-Jenny. In: Der Bücherbär. Abenteuergeschichten. Würzburg: Arena Verlag 2011, **S. 79**

Julia Boehme, Franziska Harvey: Bist du müde, kleines Muffelmonster?: oder Wie man ratzfatz einschlafen kann. Würzburg: Arena Verlag 2014, **S. 80/81**

Bildquellen

Aracari Verlag AG, Zürich: **30** (alle: Mies van Hout: Heute bin ich), **31** (alle: Mies van Hout: Heute bin ich); Arena Verlag GmbH, Würzburg: **56.2** (Erhard Dietl: Die Pumpernickels), **79.1** (Volkmar Röhring Abenteuergeschichten: Die Piraten-Jenny), **80** (alle: Julia Böhme, Franziska Harvey: Bist du müde, kleines Muffelmonster?), **81** (alle: Julia Böhme, Franziska Harvey: Bist du müde, kleines Muffelmonster?); Bauer, Jürgen, Leidersbach: **58.1**; Baumhaus Verlag in der Bastei Lübbe AG, Köln: **39.1** (alle: Diana Amft: Die kleine Spinne Widerlich); Beltz & Gelberg in der Verlagsgruppe Beltz, Weinheim: **34** (alle: Helme Heine: Richtige Freunde sind...), **49.1** (Der Bunte Hund, Ausgabe November 2007, Karsten Teich: Cowboy Klaus und sein Schwein Lisa); Corbis, Berlin: **21.5** (Sharna Balfour); Edition Bücherbär: **79.2** (Volkmar Röhring Abenteuergeschichten); Eulig, Stefanie, Paderborn: **19.1-.6, 45.1-.7, 48.1, 83** (alle); fotolia.com, New York: **20.1** (andreanita), **20.2** (davemhuntphoto), **20.4, 20.5, 20.6, 20.7** (Wouter Tolenaars), **20.8** (imacture), **20.9** (Artur Synenko), **20.10** (iseeu2_2), **20.11** (franzeldr), **20.12** (Eduardo Rivero), **20.14** (m_reinhardt), **21.1** (praisaeng), **21.10** (hkuchera), **21.11, 23.1** (Jens Klingebiel), **23.2** (K. Geijer), **29.1** (ChantalS), **42.1** (effe64), **42.3** (DiversityStudio), **42.5** (MaFiFo), **42.6** (babimu), **42.7** (Richard Oechsner), **74.1** (Firma V), **125.2** (leksele); Gerstenberg Verlag GmbH & Co. KG, Hildesheim: **41** (alle: Eric Carle: Die kleine Raupe Nimmersatt), **41.10** (Eric Carle: Die kleine Raupe Nimmersatt); Gondesen, Helga: **53.1, 53.2**; iStockphoto.com, Calgary: **44.10** (ssj414); mauritius images GmbH, Mittenwald: **24.2** (Rolf Hicker), **125.1**; Moritz Verlag GmbH, Frankfurt/Main: **22** (alle: Peggy Rathmann: Gute Nacht, Gorilla); Panther Media GmbH (panther-media.net), München: **42.2** (duoduo); Press, Julian, Hamburg: **91** (alle: Hans Jürgen Press Der kleine Herr Jakob); primanota GmbH, Korbach: **72.1**; Ravensburger AG, Ravensburg: **78.2** (Peter Nieländer Andrea Erne Alles über Piraten); Shutterstock.com, New York: **20.3, 21.7** (Vadim Petrakov), **44.1-.9**; Thienemann-Esslinger Verlag GmbH, Stuttgart: **23.3** (Meine große Tierbibliothek: Der Gorilla), **42.8** (Paul Starosta: Meine große Tierbibliothek: Die Schnecke); Tierbildarchiv Angermayer, Holzkirchen: **42.4**; Tulipan Verlag, München: **57.2** (Eva Muszynski, Karsten Teich: Cowboy Klaus und Toni Tornado); ullstein bild, Berlin: **24.1**; Universum Film GmbH, München: **59.3** (blue eyes Fiction und WunderWerk; DVD: Der kleine Ritter Trenk); Verlag Friedrich Oetinger GmbH, Hamburg: **25** (alle: Iris Wewer: Als das Nilpferd Sehnsucht hatte), **50** (alle: Kirsten Boie Abenteuer im Möwenweg), **56.4** (Kirsten Boie Abenteuer im Möwenweg), **58.2** (Paula Markert), **59.1** (Kirsten Boie: Lena hat nur Fußball im Kopf), **59.2** (Kirsten Boie: Lena hat nur Fußball im Kopf), **59.4-.5** (Kirsten Boie: Der kleine Ritter Trenk); Verlag Heinrich Ellermann GmbH, Hamburg: **26** (alle: Reinhard Michl, Tilde Michels: Es klopft bei Wanja in der Nacht); VG BILD-KUNST, Bonn: **76.1** (Otto Dix: ohne Namen); Wefringhaus, Klaus, Braunschweig: **61.1-.4**; www.kirsten-boie.de, Hamburg: **58.3**.